Paul Jean - François

D0651886

Écrit par Penny Stanley-Baker
Illustré par Pierre-Marie Valat

Conseil pédagogique :
Équipe du bureau de l'Association Générale
des Instituteurs et Institutrices des Écoles
et Classes Maternelles Publiques.

Conseil éditorial :
Ambassade d'Australie à Paris.

ISBN : 2-07-039748-3.
© Éditions Gallimard, 1986.
Dépôt légal : Novembre 1986. Numéro d'édition : 37119.
Imprimé à la Editoriale Libraria en Italie.

GALLIMARD JEUNESSE

De l'autre côté de la terre, l'Australie

DECOUVERTE BENJAMIN

Imaginons de creuser un trou
dans le jardin, si profond qu'il nous
amènerait de l'autre côté de notre
planète la Terre :
nous voici en Australie !
Dans la réalité, bien sûr,
il faut prendre l'avion :
s'il décolle aujourd'hui
à l'heure du déjeuner,
tu arriveras à Sydney,

demain pour le dîner. **L'Australie,
c'est le monde à l'envers !**
Quand tu prends ton petit déjeuner,
les petits Australiens sont en train
d'aller se coucher. Les saisons aussi
sont à l'envers.

Noël est en plein été. Mais le père
Noël porte tout de même son
manteau bordé de fourrure !

**L'Australie est une île 25 fois
plus grande que la France.
Pourtant il n'y a que
16 millions d'habitants.
Neuf Australiens sur dix
vivent dans les grandes villes,
qui sont toutes situées sur les
côtes. L'intérieur de l'Australie
est un immense désert.**

1 - Figuier banian
2 - Baobab
3 - Fleur de Banskia
4 - Patte de kangourou (fleur)
5 - Eucalyptus
6 - Pois du désert
7 - Tabac

Darwin

NORTHERN
TERRITORY

WESTERN
AUSTRALIA

10

9

8

SOUTH AUSTRALIA

3

Perth

8 - Kangourou
9 - Varan
10 - Moloch
11 - Dingo
12 - Lézard à collerette
13 - Oiseau à berceau

5

13

14

12

QUEENSLAND

15

7

6

• Brisbane

NEW
SOUTH WALES

Adélaïde

16

Canberra

" Sydney

17

VICTORIA

• Melbourne

18

TASMANIE

14 - Écureuil volant
15 - Émeu
16 - Koala
17 - Ornithorynque
18 - Diable de Tasmanie

C'est le capitaine Cook, un navigateur anglais, qui fit connaître l'Australie et l'inscrivit sur la carte du monde. Plus tard, arrivèrent de Grande-Bretagne les premiers habitants blancs : les bagnards, accompagnés de leurs gardiens et administrateurs.

Bientôt arrivèrent aussi ceux qui avaient choisi librement de s'installer dans ce nouveau monde ! Des explorateurs, des fermiers, des marchands. Leur vie était très rude.

Il y avait de l'or dans le sol australien ! La ruée vers l'or attira encore plus d'aventuriers, venus du monde entier, espérant faire fortune. La grande époque de la mine d'or est terminée, mais l'Australie est restée riche en métaux et minerais précieux.

Les voleurs de grand chemin, les pickpockets, les tricheurs étaient condamnés aux travaux forcés de l'autre côté du monde. En 1988, l'Australie fête son 200e anniversaire, 200 ans après l'arrivée des premiers bateaux de bagnards.

Il y avait peu à manger. Tout était à faire : couper les arbres, construire les maisons et les routes, planter les champs. Beaucoup sont tombés malades et sont morts. Les autres ont réussi et ont prospéré.

Tu pourrais par exemple tenter ta chance dans une mine d'opales. Il y a plusieurs anciennes mines d'opales dans lesquelles n'importe quel visiteur, armé d'une pioche, peut creuser le roc et peut-être trouver une de ces jolies pierres précieuses !

**Les créatures étranges
du désert australien :**
un long hurlement
dans la nuit, suivi
d'un autre hurlement
en écho : les **dingos**
se répondent.
Les Aborigènes
ont amené sur la terre

Le paradisier
vit dans le nord
de l'Australie.
Les plumes
du mâle sont
multicolores.

australienne ces cousins sauvages
du chien. Ils ressemblent aux loups
et vivent en bandes, chassant lapins
et petit gibier. Le **moloch** est comme
un petit dragon long comme ta main.
Il recherche les fourmis dont
il se nourrit. Le **lézard à langue bleue**
te la tire lorsqu'il veut se défendre.
Il mesure 45 centimètres, siffle fort,
mais il est inoffensif.

Ces mystérieux rochers deux fois
plus hauts qu'un homme sont
des termitières.

Quels sont ces animaux qui bondissent comme de gros lapins ? **Les kangourous, bien sûr, les plus célèbres des marsupiaux !** Les petits naissent dans la poche de leur mère, et dès qu'ils le peuvent, vont brouter avec leurs parents. Après quelques mois, une autre petite tête apparaît dans la poche.

Le plus grand kangourou fait des bonds de 10 mètres et court à 50 kilomètres à l'heure.
Le kangourou a beaucoup de cousins, comme le wallaby et la petite souris marsupiale.

Le koala aussi est un marsupial. Il vit la nuit et mange 1 kilo de feuilles d'eucalyptus en une nuit. Les mâles peuvent être de féroces combattants.

Des villes au bord de la mer : les villes australiennes sont comme toutes les villes modernes, actives, bruyantes, pleines de circulation.
Les habitants des villes vivent beaucoup en plein air : il fait beau.

Les écoliers ont un uniforme.

Tout le monde aime se retrouver dans les jardins publics, qui sont de grands parcs aux vertes pelouses, animés du matin au soir, en toutes saisons. Équipes scolaires de cricket et de rugby y jouent des matches. Il y a des joueurs de tennis, des joggers. Familles et amis organisent des pique-niques, des barbecues, ou se dorent au soleil.

Entre deux gratte-ciel, on aperçoit le reflet de l'océan, ou des voiles de bateaux gonflées par le vent.

Le record du monde du nombre de plages !

Comme la mer n'est
jamais bien froide,
les Australiens font
du bateau ou de la planche
à voile toute l'année.
Sans oublier la plongée
sous-marine, le surf et la pêche !
Les enfants nagent comme des
poissons, mais ils savent qu'ils
ne doivent pas s'éloigner du bord.
Les requins se promènent même
en eau peu profonde ; le plus
dangereux est le requin blanc.
Il faut aussi se méfier des courants.
Les secouristes ont un grand prestige :
bien entraînés, ils se précipitent au
secours des navigateurs ou nageurs.

Imagine un territoire immense,
où la ferme de tes voisins se
trouverait à plusieurs heures de
route... **C'est l'" outback ".**
Les familles de fermiers, qui vivent
dans des " stations ", énormes
fermes, sont éloignées les unes
des autres par des distances
gigantesques. Il y a même dans
le Sud un éleveur de moutons dont
les terres sont aussi vastes que
la Belgique ! En pareil cas,
le fermier se déplace en hélicoptère.
Comment sont les routes ?
Des pistes sur lesquelles on roule
en jeep, avec pare-chocs anti-
kangourous.

**Les familles
se tiennent souvent
sous les vérandas
ombragées
qui entourent
les maisons.**

Le docteur rend visite aux malades en avion ! Il y a souvent une petite piste d'atterrissage près de la maison.

Chaque famille a une armoire à pharmacie pleine de médicaments soigneusement numérotés.
Le docteur-volant indique le numéro de médicament à prendre : pas besoin de faire le long voyage jusqu'à la pharmacie la plus proche !
Les fermiers rassemblent et déplacent leurs immenses troupeaux à cheval. Mais, de plus en plus, ils utilisent la moto, la camionnette ou même l'hélicoptère !

**Comment les enfants vont-ils à
l'école ?** Ils n'y vont pas, mais
l'école se fait par radio.
Il fait très chaud dans l'outback.
Les bâtiments sont élevés sur des
pilotis, pour que l'air puisse
circuler en-dessous.
L'eau de pluie
est conservée
dans des réserves.

NEXT
10 km

Des panneaux signalent que des kangourous
peuvent traverser les routes.

Il faut savoir tout fabriquer et tout
réparer soi-même. Les enfants
aident à ces travaux.
Ils ont pratiquement tous un cheval
et sont de bons
cavaliers.

L'instituteur se trouve
à des centaines
de kilomètres
de chaque élève,
mais lui parle
comme si tous
étaient dans
une vraie classe.

Des troupeaux entiers
sont transportés
au marché dans
d'énormes camions.

**Une grande partie de la laine
que nous portons dans le monde
vient d'Australie.** La laine mérinos
est australienne. Les fermiers
de l'outback sont avant tout
des éleveurs de moutons.
Les meilleurs spécialistes de
la tonte vont de " station " en
" station ", tondant du lever du jour
à la tombée de la nuit. Un autre
travail très prenant est l'entretien
des kilomètres de clôture.
Le fermier craint
ses ennemis naturels :
la sécheresse,
les incendies
et les inondations.

Chaque année, il faut marquer
les troupeaux, désinfecter et
tondre les moutons.

D'un côté des pièces de monnaie australiennes : la reine Elizabeth d'Angleterre. De l'autre : les animaux typiques du pays. Celui-ci est l'écureuil volant.

Le lézard à collerette. Lorsqu'il est en colère, il fait plus de peur que de mal, dressé sur ses pattes arrière, la collerette en bataille.

L'échidné est le seul animal au monde, avec l'ornithorynque, qui pond des œufs mais nourrit ses petits, comme un mammifère. Le bébé échidné éclot dans la poche de sa mère.

L'oiseau-lyre fait la roue comme un paon, avec sa magnifique queue en forme de lyre. Il sait imiter toutes sortes de bruits : chants d'autres oiseaux, bruits de moteur, aboiements de chien !

Est-ce un canard, un petit phoque, ou un castor ?
L'ornithorynque a un bec plat, des pattes palmées, une queue puissante comme un castor, et la même fourrure qu'un phoque.

L'émeu est un très grand oiseau, et l'un de ceux qui courent le plus vite. Un œuf d'émeu pèse autant que douze œufs de poule. C'est le père qui couve les œufs et nourrit les oisillons.

Se promener dans la campagne est une véritable expédition !

En sortant de la ville, tu vas te trouver dans le "bush", la brousse australienne. N'oublie pas : solides chaussures, chapeau, sac à dos, une carte, de l'eau, du thé et un aérosol tue-mouches sont indispensables ! Gare au feu ; si tu en allumes un, recouvre-le entièrement de terre pour l'éteindre.
Attention, un trou ! On dirait le terrier d'un blaireau : mais c'est le logis d'un wombat.

Le wombat se sert de ses pattes, armées de griffes pour creuser le sol. La mère porte dans sa poche son petit, bien protégé de la terre, qu'elle fait voler autour d'elle en la retournant.

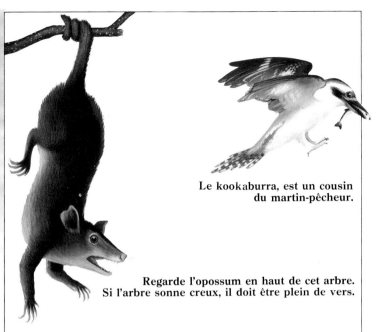

Le kookaburra, est un cousin
du martin-pêcheur.

Regarde l'opossum en haut de cet arbre.
Si l'arbre sonne creux, il doit être plein de vers.

L'opossum se régale de vers et
d'insectes qu'il trouve dans les arbres.
Il n'hésite pas non plus
à visiter les fermes et soulever
les couvercles de poubelles à la
recherche de restes de nourriture.
Écoute autour de toi le concert
des oiseaux : l'éclat de rire
du kookaburra, le roi de la brousse
australienne, le tintement
de clochettes de l'oiseau-cloche,
les perroquets et les loriquets aux
vives couleurs.

Les Aborigènes sont les premiers habitants de l'Australie.

Depuis l'époque préhistorique,
leur façon de vivre n'a pas changé.
Après l'enfance, les jeunes garçons
deviennent des chasseurs, comme
leurs pères. Ils partent armés
de leurs boomerangs, de leurs épieux
et lance-épieux, chasser le kangourou,
ainsi que de gros lézards
et des volailles, émeus, canards.

Il y a un drapeau aborigène, dont les couleurs
sont : noir comme l'aborigène, jaune comme
le soleil, rouge comme la terre.

Ce sont des nomades
Leurs maisons sont de
simples abris faits de morceaux
d'écorce ou de tôle
ondulée.

Les Aborigènes utilisent 4 couleurs pour leurs peintures sur écorce : le rouge et le jaune, qui viennent de l'ocre de la terre, le blanc de la craie, le noir du charbon.

Les femmes, aidées des enfants, récoltent les plantes : des ignames, des oignons, des noisettes, des baies, certaines racines, et préparent la nourriture. Des morceaux de bois ou d'écorce leur servent de plats. La peau et le plumage de l'émeu servent d'édredon aux bébés. Les aiguilles de l'échidné leur permettent de coudre.

Ceci est une image souvent peinte par les Aborigènes : le rêve de la Voie Lactée.

Plusieurs tribus se retrouvent pour une grande fête : le "Corroboree"; ils dansent et chantent au son du "didgeridoo", sorte de très longue flûte en bois.

Chaque tribu est comme une grande famille, où tout est partagé. La loi aborigène se trouve dans les vieux récits du temps des ancêtres.
Les Aborigènes aiment et respectent leur terre. Ils la connaissent bien, et même au beau milieu du désert ou de la brousse, ils arrivent toujours à retrouver leur chemin.

Les Aborigènes se sont peint le corps et le visages de motifs compliqués.

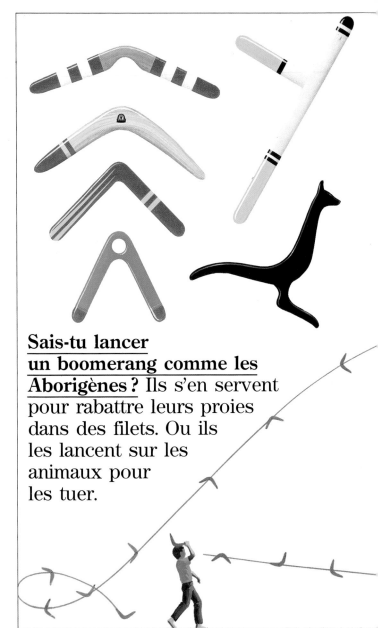

Sais-tu lancer un boomerang comme les Aborigènes ? Ils s'en servent pour rabattre leurs proies dans des filets. Ou ils les lancent sur les animaux pour les tuer.

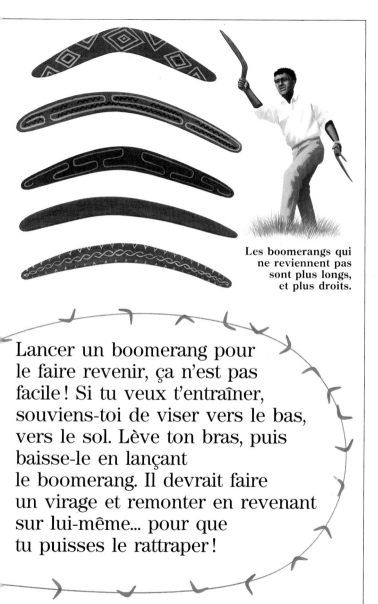

Les boomerangs qui ne reviennent pas sont plus longs, et plus droits.

Lancer un boomerang pour le faire revenir, ça n'est pas facile ! Si tu veux t'entraîner, souviens-toi de viser vers le bas, vers le sol. Lève ton bras, puis baisse-le en lançant le boomerang. Il devrait faire un virage et remonter en revenant sur lui-même... pour que tu puisses le rattraper !

Tiddalike était la plus grosse grenouille du monde. Un jour, en se réveillant, il se sentit la gorge si sèche, il avait si soif, qu'il but, mais il but tellement qu'il avala toute l'eau fraîche du monde. Les plantes et les animaux commencèrent à mourir. Les animaux qui restaient se réunirent pour décider de ce qu'ils pouvaient faire. Le vieux wombat eut une idée excellente : il fallait faire rire Tiddalike. Comme cela, il ouvrirait la bouche, et toute l'eau pourrait sortir.

Cette gigantesque vague pétrifiée se trouve au sud-ouest de l'Australie.

Alors, le kookaburra raconta à Tiddalike ses meilleures histoires drôles, mais elles ne faisaient rire que lui. Puis, le kangourou sauta sur le grand émeu. Ces pitreries ne firent pas rire Tiddalike. Finalement, Nabunum, l'anguille, se dressa sur la pointe de sa queue pour essayer de danser. Il gigotait tant et son corps se totillait en formes si drôles que Tiddalike éclata de rire. Toute l'eau qu'il avait avalée s'échappa à grands flots de sa bouche et se déversa sur la terre, remplissant les lacs, les étangs et les rivières asséchées.

(cette légende aborigène explique à sa manière la sécheresse et les inondations en Australie.)